AF257682

SOUVENIRS ET IMPRESSIONS.

SÉJOUR

EN

AFRIQUE.

Rouen.

IMPRIMERIE DE NICÉTAS PERIAUX,
RUE DE LA VICOMTÉ, 55.

1836.

SÉJOUR

EN AFRIQUE.

Souvenirs et Impressions.

La régence d'Alger était un pays qu'on ne connaissait guère avant la conquête de sa capitale par les Français. Peu d'étrangers y pénétraient, et ceux qui avaient parcouru quelques parties de cette contrée inhospitalière, n'avaient donné que des notions fort imparfaites sur ses habitants, ses productions, son commerce, ses monuments et ses arts. Aujourd'hui que nous y dominons par la force, et qu'à l'ombre de l'armée, nous protégeons l'agriculture d'une colonie naissante, le commerce de toutes les nations; que nous tentons de relever des peuples tombés depuis un grand nombre de siècles dans la barbarie, tout ce qui était ignoré, inconnu, sera mis au grand jour. Déjà Alger et ses environs ont été décrits: on connaît la nature du sol, sa fertilité, ses accidents; on vivifie les environs par des routes spacieuses qui rendent les communications plus faciles; on dé-

friche les champs; on assainit la ville, en y créant des places,
et, si l'on y apporte les tributs de la civilisation européenne,
on n'impose au peuple vaincu , ni les lois , ni la religion du
peuple vainqueur. C'est un grand pas dans les voies de la civilisation , que cet esprit de tolérance des uns pour les usages , les opinions, les croyances des autres : c'est le meilleur
moyen de fondre ensemble peu à peu et à l'aide du temps ,
les couleurs les plus tranchées, les mœurs les plus contraires,
les opinions les plus divergentes.

Lorsque j'arrivai pour la première fois à Alger, cette ville
avait déjà perdu en partie le caractère qui lui était propre ;
mais la forme de ses maisons , le peu de largeur de ses rues,
les costumes des habitants, leurs mœurs, leurs habitudes,
étaient si différents des nôtres, que je les étudiai avec ce sentiment de curiosité que donne l'attrait de la nouveauté ;
je m'habituai, cependant, à ce mouvement de la population
africaine , mêlée , dans les rues , sur les places publiques,
dans les marchés , à nos troupes, et bientôt je ne fis pas plus
attention au burnous de l'arabe qu'à l'habit serré du soldat
français.

Je passai ainsi plusieurs mois dans cette ville, employant
quelques heures de la journée à parcourir les campagnes
qui l'avoisinent , cherchant la fraîcheur sous l'ombrage de
bosquets délicieux où coulent des sources d'eaux vives , ou
m'arrêtant le soir sur le rivage. Je voyais alors , dans le
lointain, s'étendre devant moi la ville africaine avec ses blanches maisons placées en amphithéâtre , puis quelques mâts
au loin apparaissaient sur la surface immobile de la mer;
mes yeux cherchaient à découvrir, au delà de son immensité,
cette terre de France que j'avais quittée , cette patrie qui

renferme tous les objets de mon affection. Quels sentiments de joie, n'éprouvais-je pas, lorsque je voyais poindre à l'horizon la forme encore incertaine d'un bateau à vapeur ! Je l'attendais, je le voyais avec anxiété s'approcher, et, lorsqu'il entrait dans le port, je volais à sa rencontre, car il m'apportait des lettres et des nouvelles de ma famille. Mes promenades devaient cesser bientôt ; je reçus l'ordre de me rendre à Doueira. C'est à dater de ce moment que j'ai commencé à mener une vie active et militaire. Je n'ai pas, cependant, l'intention de raconter en détail les expéditions auxquelles j'ai pris part ; je n'en dirai que ce qui sera indispensable ; l'ensemble et les détails en sont connus depuis long-temps. Mais je veux dire ce que j'ai vu, senti, et ce qui m'est personnel.

Le 17 octobre 1835, nous sommes allés coucher à Bouffarick. Le lendemain, nous marchons sur trois colonnes contre les Arabes ; ils sont refoulés ; nous passons la Chiffa, et, le jour suivant, deux tribus du même peuple sont battues : leurs grains tombent en notre pouvoir, nous incendions leurs provisions. Le pays dans lequel nous nous trouvions, est marécageux et couvert de joncs d'une hauteur extraordinaire. Nous arrivons enfin, après bien des marches et contre-marches, sur les bords du Lac Salé, et nous établissons notre bivouac dans un bois délicieux. Nous étions alors à peu de distance d'un monument que j'avais souvent aperçu de loin, et que l'on nomme la Tombe de la Chrétienne. Nous prîmes la résolution de le visiter le lendemain de grand matin, et de monter jusqu'à son sommet. Au lever de l'aurore, nous nous dirigeons vers ce point, et, après avoir gravi une montagne escarpée, couverte de bois, embarrassée de broussailles, n'offrant aucun sentier et de plus une lieue d'étendue, nous arrivons, harassés de fatigue et de chaleur, au pied d'un énorme monument, construit en pierres de tailles, et qui, de loin, paraissait faire partie de la montagne.

Ce monument a la forme d'une pyramide tronquée; il s'appuie sur une base, dont l'une des diagonales est de 50 mètres. Il est entouré jusqu'au quart de sa hauteur de colonnes engagées; il commence à diminuer de largeur à cet endroit, de sorte que le plan supérieur n'a plus qu'un diamètre de neuf mètres; son élévation totale est de trente-trois mètres environ. Il est en partie ruiné. On rapporte qu'un dey d'Alger, croyant y trouver des trésors, l'avait fait vainement fouiller, et que la pioche du démolisseur avait été plus puissante pour hâter sa destruction que l'action du temps. Une partie des colonnes est brisée; beaucoup de pierres ont été arrachées avec les crampons qui les fixaient; les marches d'un escalier intérieur qui conduisait au sommet sont dans un grand état de vétusté; enfin, une porte donnant du côté de la mer a été bouchée par une énorme pierre. Elle servait probablement d'entrée à un appartement et à l'escalier. Malgré toutes ces dégradations, le tombeau de la Chrétienne est encore imposant par sa masse, sa forme, sa hauteur. Quel est le temps de sa construction, quel peuple l'a élevé, pourquoi est-il placé au sommet d'une montagne isolée, escarpée, solitaire? C'est ce que la tradition seule peut nous apprendre. On dit, en effet, qu'à l'époque où les Maures, chassés de l'Espagne par les Chrétiens vainqueurs, furent obligés de chercher un refuge en Afrique, un de leurs plus puissants princes, en emportant les débris de sa fortune, avait emmené une chrétienne dont il était éperdûment amoureux; mais celle-ci, quoique partageant peut-être l'amour passionné du prince, ne pouvait oublier sa patrie ; elle venait donc souvent avec ses femmes chanter sur cette montagne des chants espagnols, en portant ses regards vers le pays objet de tous ses regrets. La chrétienne mourut, et le prince, en mémoire de son affection, lui fit élever ce tombeau gigantesque, pour que son âme pût, chaque soir, quittant le séjour des morts, venir sur le sommet du monument chanter comme de coutume, tournée vers les rivages de l'Espagne.

Nous avons monté sur la plate-forme de la pyramide. De cet endroit la vue est admirable : quel pinceau pourrait rendre fidèlement la beauté, l'immensité, la richesse du tableau que nous avions sous les yeux? Au pied de la montagne, à gauche, nous plongions sur le Lac Salé; la plaine, bornée seulement par l'Atlas, se déroulait immense devant nous ; à droite et à un quart de lieue, on apercevait la mer; en avant, une montagne, derrière laquelle on devinait la petite ville de Cherchel ; en arrière, la pointe de Torré-Chica, s'avançant jusqu'au milieu des flots. Du côté de la terre, ce magnifique paysage était entremêlé de bois, de vallons, d'accidents de terrain, qui, sans rompre l'unité de l'ensemble, le rendaient encore plus pittoresque.

Depuis que nous avions quitté le camp, le jour était devenu plus grand et le soleil était monté sur l'horizon ; l'heure du départ de l'armée était fixée : nous jetâmes un dernier regard sur la tombe de la Chrétienne, et chacun de nous fut à son poste. Le but de l'expédition était atteint : nous retournons sur nos pas, et nous venons coucher de nouveau sur les bords de la Chiffa. Le lendemain nous marchions sur Blida, lorsque nous vîmes arriver au-devant de nous les notables habitans de cette ville, venant faire leur soumission, et nous apportant en abondance des vivres de toute espèce. Le pain qu'ils nous donnèrent est une sorte de galette sans levain, très plate, mal cuite et assez indigeste; le goût en est agréable; la farine qui la compose est bonne, mais mal blutée, et renferme beaucoup de son.

Les pays que nous traversions en approchant de Blida sont charmants; on ne voit, de tous côtés, que des jardins couverts d'orangers, de citronniers, de jujubiers; une multitude de ruisseaux arrose et fertilise la campagne, en y répandant une fraîcheur agréable. Les orangers étaient couverts d'une énorme quantité de fruits, déjà gros et près de leur maturité. Les figuiers, les cactus ou figuiers de Barbarie, étaient chargés d'une prodigieuse récolte de ces fruits inconnus en France, et dont on fait en Afrique une si grande consommation; puis, au milieu de tout cela, des bosquets frais et délicieux, où se montrent çà et là des marabouts avec leur dôme sphérique. C'est un séjour véritablement enchanteur.

Blida est immédiatement adossé à l'Atlas; à une demi-lieue en avant existe une grande enceinte rectangulaire, dont les murs sont en partie ruinés; c'est là que se réfugièrent les habitants chassés de leurs demeures, à je ne sais quelle époque, par un tremblement de terre. Ils abandonnèrent ensuite cette enceinte, et retournèrent dans leur ancienne ville.

Cette ancienne ville paraît de loin comme une ligne blanche au pied de l'Atlas; elle est entourée de murailles percées de trois portes du côté de la plaine; une rue principale la traverse, c'est la seule où il y ait des boutiques, des marchands, une espèce de commerce ; toutes les autres rues sont petites, étroites et très sales, quoique l'eau soit en abondance dans la ville. J'ai parcouru Blida dans tous les sens. L'armée s'était arrêtée à une demi-lieue de ses portes sans pouvoir y pénétrer ; et j'ai été un de ceux qui l'ont vue, conduit par les notables, avec l'état-major et le génie.

Lorsque nous sommes entrés dans la principale rue, un grand nombre de boutiques étaient fermées ; cependant, il y en avait encore un certain nombre qui étaient ouvertes ; nous avons pu y acheter du tabac, des pipes, des œufs, des fruits. Les habitants étaient sur leurs portes dans un état d'impassibilité complète ; quelques-uns seulement nous donnaient le salut à leur manière ; des enfans nous suivaient, comme ils nous suivent en France. Nous avons ainsi traversé la ville en tous sens, en balayant dans ses rues étroites tout ce qui se trouvait devant nous.

Les maisons de Blida n'ont qu'un rez-de-chaussée recouvert par une terrasse. Dans la rue principale, des tringles sont disposées d'une terrasse à l'autre et recouvertes de feuilles de riz ; on s'avance ainsi dans une espèce d'allée couverte, terminée à l'approche des portes par une longue voûte d'arrête. Les portes sont assez solides, mais le mur d'enceinte est très faible et ruiné en quelques endroits. La ville renferme deux mosquées principales, ayant des minarets assez élevés, qui rompent seuls la monotonie de son aspect. La partie supérieure de la ville semble presque déserte ; on y trouve un grand nombre de maisons, à moitié ruinées et abandonnées par leurs habitants. Au-delà des remparts, à la sortie des portes, on trouve les cimetières, qui n'offrent rien de remarquable. Quelques tombes sont indiquées par des pierres plates diversement taillées, mais le plus souvent quatre ardoises, enfoncées à demi et placées de champ dans la terre, figurent la forme du corps, et montrent l'étroit espace dans lequel il repose.

Notre expédition s'était heureusement terminée ; nous reprîmes notre marche pour rentrer dans nos cantonnements. Bientôt les murailles de Blida disparurent à nos yeux : nous ne vîmes plus que, comme des masses confuses, les forêts d'orangers dont le versant de l'Atlas est couvert ; enfin, nous allâmes coucher le soir même à Bouffarick.

La vie militaire en temps de paix est la chose la plus monotone, la plus ennuyeuse qui se puisse imaginer. Il est beaucoup d'officiers qui, pour échapper au désœuvrement d'une garnison, cherchent des distractions, souvent dangereuses pour leur fortune et leur avenir..... Et que faire, en vérité, après l'étude de la théorie, après les quelques heures d'exercices et de manœuvres, si l'on n'a pas assez de ressources dans l'esprit, de force dans le caractère, de résolution, pour lutter contre ce désir du repos et le bonheur du *far-niente*, qui ont tant de charmes pour la plupart des hommes ? Mais aussi, comme notre carrière s'étend, s'embellit, prend d'importance, lorsqu'à cette vie casanière, oisive, succède l'activité d'une campagne aventureuse et semée de périls ! Alors les rares repos du camp et du bivouac ou d'une courte garnison, sont un véritable bonheur : on se délasse des fatigues éprouvées, on cause avec ses camarades des dangers que l'on a évités, des chances que l'on a courues, et l'on se prépare gaiement à de nouveaux travaux.

C'est dans cette disposition d'esprit que je rentrai au

camp de Doüeira. Je retrouvai là tout ce qui m'appartenait; rien n'avait été changé pendant ma courte absence , et
je repris la direction des ouvrages dont j'étais chargé.
J'étais tranquille, satisfait; je repassais dans ma mémoire
les événements de notre très rapide expédition ; puis, à la
place des habitants ignorants du pays, j'amenais des colons venus de France, je fesais défricher les terres, contenir
dans des canaux les eaux des sources vives propres à les
fertiliser; je créais des usines , des manufactures, j'élevais
l'Afrique au niveau de l'Europe.....

Ces rêves de mon imagination, ces rêves qu'un génie
créateur pourra réaliser peut-être , furent interrompus
par l'ordre subit de me rendre immédiatement à Alger. Je
partis, et j'appris alors que j'étais dirigé sur Oran pour
prendre part à l'expédition contre Abdel-Kader et Mascara.

A six heures du soir, c'était le 26 octobre, je m'embarquai
sur le bateau à vapeur la Salamandre, et, bientôt, les
phares d'Alger se perdirent dans le lointain. Deux jours
après, malgré les vents contraires , nous mouillâmes en vue
d'Oran.

Oran est situé au fond d'une baie assez profonde, et
présente un aspect très riant et très pittoresque au voyageur
arrivant par mer. Ce n'est plus Alger avec ses maisons
blanches en amphithéâtre, Alger carrière de pierres étin-
celantes aux rayons du soleil d'Afrique : c'est une ville
espagnole, partagée en deux par une ceinture verdoyante
d'arbres suspendus sur un profond ravin, et protégée par
un ceinturon de remparts formidables.

Les espagnols ont possédé Oran pendant long-temps : aussi
les retrouve-t-on à chaque pas; leur souvenir est vivant

partout. Les rues sont plus larges ici qu'à Alger ; presque toutes sont praticables aux voitures, quelques-unes sont plantées d'arbres. Les maisons sont construites en terrasse ; mais elles ne ressemblent pas à celles des maures ; elles n'ont point de cours intérieures entourées d'arcades et de galeries, et leur origine européenne ne peut être méconnue. Des fortifications gigantesques, construites dans le système de Vauban, avec un soin remarquable, entourent et défendent les trois parties de la ville : la marine, la basse et la ville haute ; la citadelle ou casaubah les domine et semble veiller sur le salut de la cité comme une sentinelle vigilante. Toutes les hauteurs voisines, tous les points importants du côté de la mer, sont occupés par des forts, des redoutes, des bastions, qui rendent Oran inattaquable par mer et très forte par terre. Elle n'a pas besoin de soldats pour la défendre contre les arabes : avec de tels remparts, elle ne redoute pas leurs attaques. Mais, au milieu des fontaines abondantes qui répandent une fraîcheur salutaire, de ces rues où circule un peuple assez actif, vous rencontrez des ruines nombreuses. Une partie de la ville n'offre qu'un monceau de décombres ; car les Espagnols qui l'habitaient, il y a près d'un siècle, l'ont abandonnée à l'époque d'un tremblement de terre, qui a détruit tous ces édifices dont les débris couvrent encore le sol.

Oran pourrait devenir un séjour agréable, si des colons venaient s'y fixer, si nos avant-postes, qui sont très rapprochés de la ville, étaient plus éloignés et permettaient ainsi à l'agriculture de s'emparer de la campagne aride et inculte qui l'entoure. Position militaire très forte, elle verrait son commerce s'accroître, ses richesses augmenter par la présence de tous ceux qui viendraient chercher ses denrées, ou redemander à la salubrité de son climat leur santé perdue sous le ciel de l'Europe, si la domination française était plus stable, et si nous étions maîtres tranquilles d'une plus grande étendue de pays.

Mers-el-Kebir est le véritable port d'Oran ; il en est éloigné de deux lieues à peu près. La baie qui le forme est très sûre et d'un bon mouillage pour les gros bâtiments. Elle est en outre protégée par un immense développement de fortifications. La communication entre les deux villes étant fort difficile, les français ont pensé à en établir une plus directe et plus facile. Pour cela, il fallait entreprendre d'immenses travaux, creuser un chemin à travers d'énormes rochers, lutter contre les accidents du terrain, détruire les obstacles à l'aide de la pioche et de la mine. Rien n'a arrêté ceux qui avaient conçu le projet: ils l'ont mis à l'exécution. Déjà, depuis plus de deux ans, on travaille à une route qui marquera le passage des français en Afrique, et qui est comparable à ce que les romains ont fait de plus étonnant en ce genre. Imaginez-vous une route de plus d'une lieue et demie de longueur taillée dans le roc presque tout entière, sur une largeur de sept à huit mètres. Voyez les ouvriers détruisant peu à peu, à l'aide de tous les moyens, ces énormes barrières de rochers, de vingt ou trente mètres de hauteur, et songez que, dans six mois, peut-être, tous ces travaux seront terminés, après avoir vaincu à force de patience et de persévérance la nature elle-même, et que Mers-el-Kebir et Oran ne feront plus, pour ainsi dire, qu'une seule et même ville, dont les deux parties seront réunies par cette route, admirable ouvrage de nos soldats.

Le temps de l'expédition de Mascara était proche ; de tous côtés arrivaient des troupes : ici le génie et son matériel, là des chasseurs d'Afrique ; plus loin l'artillerie, la ligne, s'agitaient, se pressaient ; les ordres se croisaient en tous sens, les revues se succédaient rapides et multipliées. De grandes troupes de chameaux entraient dans la ville, qui présentait alors l'aspect d'un désordre complet. Emporté comme tout le monde dans le tourbillon du départ, j'oubliai Oran et sa riante ceinture, sa casaubah, ses rochers, et la mer qui vient mourir à leurs pieds.

Je partis le 27 novembre ; je m'arrêtai un instant au camp du Figuier ; puis, le 29, l'armée ayant été définitivement organisée, je me trouvai placé à l'avant-garde sous les ordres du général Oudinot. Après avoir bivouaqué sur les bords de la Tlelat, dont les arabes avaient détourné le cours, nous reprenons notre marche, et bientôt nous franchissons une chaîne de collines dont l'armée suivait les ondulations. C'était un spectacle vraiment charmant que de voir toutes ces troupes paraissant et disparaissant tour-à-tour au sommet ou sur le versant des collines, s'étendant, se resserrant, mais exécutant ces mouvements, tantôt lents, tantôt accélérés, avec un ordre, une régularité remarquable. Un soleil brûlant dardait ses rayons sur les bayonnettes scintillantes, d'où jaillissaient mille éclairs ; les solitudes que nous traversions étaient animées par le bruit des pas des hommes et des chevaux, par le cliquetis des armes, les roulements du tambour, ou les sons joyeux des fanfares de la cavalerie.

Au milieu de cette scène toute guerrière, je pensai à notre peintre de batailles, à Horace Vernet. J'avais sous les yeux un tableau digne de lui, et j'admirais la puissance du

pinceau qui sait retracer sur la toile ces grandes pages
de l'histoire, ces batailles où les hommes se heurtent les uns
contre les autres en bataillons pressés, où la mort rapide,
instantanée, apparaît sous toutes les formes, où le courage
succombe, où le bon droit ne triomphe pas toujours. Nous parvenons bientôt dans un défilé plus étroit, où le colonel
Oudinot a été enseveli, après la défaite que nous allions
venger. Nous n'avions vu jusque-là aucun ennemi: nos éclai-
reurs ne purent en découvrir. Le général fait arrêter notre
marche; il s'avance près du lieu où son frère a été déposé,
où ses compagnons d'armes l'ont enseveli revêtu de ses in-
signes militaires. Plein de douloureuses émotions, il pro-
nonce quelques paroles en mémoire du brave, mort en com-
battant. Puis, on ouvre la fosse où il doit se trouver; mais
le tombeau était vide : les arabes l'avaient fouillé, sans
doute pour porter la tête du colonel français en triomphe
à Mascara.

L'avant-garde tout entière partageait la douleur de son
général. Il est de ces sentiments naturels qui touchent les
ames même les plus dures : l'amour d'un frère, celui de la
patrie, sont compris de tous, et l'orgueil national se ré-
volte, s'exalte, au souvenir d'une défaite qu'on se sent assez
fort pour venger.

Le défilé est franchi : nous voilà dans une immense plaine,
exposés à un soleil brûlant, marchant à travers un pays
sans habitations, sans eau, sans ressources aucunes. Nos
soldats étaient exténués de fatigues, de chaleur, et dévorés
par une soif ardente. Nous arrivons enfin sur les bords du
Sig, rivière assez large, mais peu profonde. Là, il nous est
permis d'étancher notre soif, et de prendre un peu de repos.

Celui qui n'a jamais été contraint de faire une marche forcée, exposé aux privations de tous genres, et dont tous les besoins ont été satisfaits aussitôt qu'ils se sont fait sentir, ne comprendra pas avec combien de jouissance je m'apprêtai à savourer les heures de tranquillité que la nuit semblait devoir amener pour moi, comme pour toute l'armée. Déjà nous avions frugalement et délicieusement pris notre repas du soir sur les bords de la rivière; les tentes avaient été dressées pour d'autres que pour nous; mais le ciel était pur et serein, l'air frais, j'avais un bon manteau, et la terre me semblait douce et moëlleuse. Le sommeil voltigeait déjà autour de ma paupière; et j'étais plongé dans cet état de rêverie à travers lequel l'esprit ne voit plus que des objets dont la forme est indécise et chargée de brouillards, quand, tout-à-coup, un ordre me rappelle à la vie réelle : je me retrouve au milieu de l'armée. L'air vif des nuits fraîches de l'Afrique me réveille complètement; je réunis mes hommes, et nous voilà à l'ouvrage, joyeusement, sans arrière-pensée, avec ardeur et courage. Nous devions dormir, nous veillons; l'armée repose tout entière, nous travaillons, et nous offrons, au lever de l'aurore, à ses regards étonnés, deux beaux et larges ponts, que nous avions jetés sur le Sig. Les travaux à exécuter nous retiennent en cet endroit deux jours; enfin, nous traversons la rivière; nos ponts sont repliés. Pendant ce temps, les arabes avaient été attaqués et dispersés; le camp d'Abdel-Kader avait été pris.

Jusqu'ici nous n'avions eu à surmonter que les obstacles du terrain et les fatigues inséparables d'une marche continue par un temps chaud; mais, aussitôt que nous avons passé le Sig, les Arabes se jettent sur nos flancs et nos derrières, nous

harcellent ; un feu de tirailleurs s'engage ; l'artillerie se dé-
ploie dans la plaine, et disperse l'ennemi, troublé de voir la
mort pénétrer dans ses rangs. Nous arrivons bientôt à un
ravin assez profond, qu'il fallait traverser. Là, un peu de confusion se manifeste dans les voitures et les bagages ; les Arabes
saisissent l'occasion : un feu terrible part d'un bois qui borde
notre gauche ; des boulets, du haut des montagnes situées à
notre droite, viennent tomber dans nos rangs. A la confusion se
mêle un peu d'hésitation, mais l'étonnement ne dure qu'un
moment : on riposte vigoureusement à la fusillade partie du
bois, dans lequel s'élancent quelques compagnies d'infanterie.
Le feu se ralentit : les Arabes sont dispersés et la position est
forcée ; mais notre général a été blessé à la cuisse.

Et nous, pendant qu'on se battait, nous creusions des
rampes, nous comblions des trous, nous rendions la route
praticable à l'armée. Notre rôle était utile, notre coopération
indispensable ; mais vous avouerez qu'il faut une certaine dose
de philosophie, pour rester impassible au milieu des balles,
des boulets, qui pleuvent sur vous, pour entendre et voir de
sang-froid ses camarades combattre l'ennemi, et ne pas pouvoir partager avec eux les chances glorieuses qu'ils courent,
les dangers au devant desquels ils se précipitent !

Nous abandonnons tout-à-coup la plaine, et nous voici
nous dirigeant vers les montagnes, les tournant sur la droite
pour éviter l'ennemi. C'est là que recommencent ou plutôt
que continuent nos travaux ; à chaque pas il faut tracer une
route, combler un ravin, abattre un monticule, empierrer
un mauvais pas. Enfin, nous parvenons aux deux marabouts
de Sidi-Ibrahim.

Jusque-là le temps nous a favorisés ; la chaleur nous a

incommodés, mais nous l'avons supportée gaiement. Tout-
à-coup le ciel se couvre de nuages, le brouillard se con-
dense, s'épaissit, se résout en pluie : elle tombe bientôt par
torrens ; il faut travailler dans l'eau, dans la boue, et se
frayer un chemin à travers des terrains encombrés de broussailles, d'herbes et de pierre. Le travail était pénible et
n'avançait presque pas ; la nuit vient, la pluie ne se ralentit
pas. Les travaux ont cessé ; nous nous blotissons autour
d'un mauvais feu les pieds dans l'eau ; mouillés complètement malgré nos manteaux, nous attendons avec impa-
tience la fin d'une nuit dont je garderai long-temps le souvenir. Il y avait là, autour de ce foyer fumant, dont la
chaleur diminuait un peu l'engourdissement de nos membres, de vieux militaires qui avaient gagné leurs chevrons
dans les champs de l'Allemagne, de l'Italie et de de l'Espagne ;
ils avaient couché au bivouac pendant les nuits froides et
pluvieuses des guerres de l'empire, eh bien ! ces vieux soldats
disaient n'avoir jamais passé de nuit aussi horrible. En
effet, quelques hommes furent trouvés morts le lendemain
matin : la faim, la misère, le froid, avaient mis fin à leur
existence. Notre position était mauvaise : les chameaux por-
teurs de nos provisions avaient suivi le gros de l'armée
(nous faisions alors partie de l'arrière-garde), et nous étions
réduits à une demi-ration de haricots et d'eau-de-vie. — Le
jour, si long-temps désiré, commence à poindre à l'horizon
qui blanchit ; mais il se lève froid et pluvieux comme la
veille. Qu'importe ! le retour de la lumière ramène le courage et la gaieté dans nos rangs : nous reprenons nos travaux, et notre marche continue.

Le lieu de notre nouvelle étape se nomme El-Bordi, à

cause d'un village situé dans les environs ; le 47e régiment s'y loge ; nous nous installons à quelque distance de cet endroit, laissant derrière nous le 60e régiment d'infanterie.

Nous ne sommes plus qu'à cinq ou six lieues de Mascara; mais nous ne pourrons voir notre conquête : nous recevons l'ordre fâcheux de rétrograder, il faut obéir. Je regrette vivement de n'avoir pu jeter un coup d'œil sur cette ville arabe : avant et au moment de sa ruine, ce devait être un spectacle unique, imposant, que celui de la destruction instantanée d'une ville toute vivante, toute pleine d'habitans, et d'assister, pour ainsi dire, à la mort et aux funérailles d'une grande cité. Mais il ne nous fut pas même permis de voir cette terre promise du sommet d'une montagne élevée : Moïse n'est plus, et le siècle de miracles est passé.

Le mauvais temps persistait à nous contrarier. Cependant les Arabes nous apportaient des vivres frais, et, malgré l'eau saumâtre et bourbeuse dont nous étions forcés de nous contenter, notre position était supportable; et, d'ailleurs, n'avions-nous pas la ressource de manger la chair des chevaux et des chameaux morts de fatigue. La chair de cheval fait d'excellente soupe et des bifstecks capables de contenter le palais le plus difficile; mais il n'est rien qui égale en délicatesse la bosse du chameau, pas même le bifsteck d'ours des Alpes, dont parle le spirituel auteur des *Impressions de Voyage*. Il fallait aussi se procurer des fourrages : cent hommes du génie sont commandés pour escorter les voitures jusqu'au village situé à une lieue de là; nous y arrivons au moment où il vient d'être évacué par le 11e régiment d'infanterie. Il n'y avait plus personne. Nos fusils étaient mouillés, et ne pouvaient plus faire feu.

Nous faisons arrêter notre petite troupe; les armes sont essuyées, mises en état; puis, nos hommes, disposés en tirailleurs autour du village, doivent protéger les fourrageurs contre les Arabes, qui rôdent en force dans les environs, s'il veulent nous attaquer. Un brouillard épais nous empêchait de distinguer les objets à la plus faible distance; il dérobait notre marche à tous les yeux, et au bout d'une demi-heure nos voitures sont chargées de paille et d'orge. Nous reprenons la route du camp. Il me serait dificile de décrire le village que nous avons si rapidement parcouru. A travers le brouillard, j'ai entrevu une mosquée assez jolie, de nombreuses maisons en pierre et un plus grand nombre couvertes en chaume.

A un quart de lieue, nous rencontrons des troupes envoyées au-devant de nous; la pluie tombait avec plus de violence, le brouillard s'était encore épaissi; nous marchons au hasard tombant dans des trous, dans des ornières, enfoncés dans l'eau et dans la boue jusqu'aux genoux. Pour comble de malheur, l'une de nos voitures vient à verser : il est huit heures du soir, la nuit est d'une obscurité profonde, et nous n'avions pas une lanterne pour éclairer ceux qui tentent de la relever. Il faut attendre une grande heure qu'on soit venu du camp avec des lumiérés. Nous nous tirons enfin de ce mauvais pas et nous rentrons avec notre convoi chargé de fourrages.

Le 9 décembre, notre mouvement rétrograde commence; nous reprenons la route que nous avons déjà suivie; je revois Ain-Kebira, et nous couchons à notre ancien bivouac, mais cette nuit est moins mauvaise que celle nous y avions déjà passée. Le lendemain nous sommes attaqués en sortan d'Ain-Kebira : les Arabes se montrent sur les hauteurs ; après une escarmouche assez vive , ils sont encore obligés de nous céder la place. Nous gagnons les deux marabouts de Sidi-Ibrahim , où toute l'armée, de retour de Mascara , se trouve réunie.

Dans la soirée, nous vîmes arriver des bandes de juifs, qui suivaient nos troupes , traînant après eux femmes , enfants, vieillards, couverts de misérables haillons ; ils étaient exténués de fatigues , maigris par la misère et la faim ; au milieu d'eux , on remarquait des infirmes, des malades, des blessés ; ils fuyaient tous les débris de Mascara , leur ville natale, qui ne leur offrait pas même un asile au milieu de ses ruines , car la vengeance d'Abdel-Kader y veillait ; ils le savaient, et préféraient encore à une mort certaine toutes les horreurs de la misère et de l'exil.

Les Arabes amis, conducteurs des chameaux chargés de nos vivres , poussés par l'amour du lucre et qui voulaient rapporter chez eux les dépouilles de Mascara , avaient tellement surchargé ces animaux, qu'ils étaient presque tous morts en revenant. Le besoin de vivres allait donc bientôt se faire sentir au milieu de nos rangs ; une dernière distribution fut faite, et, au lieu de continuer notre route par le chemin déjà parcouru par nous, nous quittons brusquement les montagnes , et nous dirigeons nos pas du côté de Mostaganem. Le 12 décembre , nous apercevons cette ville ; une partie de l'armée s'y loge ; le reste bivouaque dans les campagnes voisines.

Mostaganem contenait, dit-on , il y a quelques annnées, quinze ou vingt mille habitants ; aujourd'hui on n'y compte à peine trois ou quatre cents malheureux juifs et Maures,

vendant du tabac et faisant un petit commerce de détail.
Cette ville est comme Oran , séparée en deux parties par un
ravin , au fond duquel coule une petite rivière dont les
eaux sont assez abondantes. La ville haute n'est plus maintenant qu'une ruine entourée de bonnes fortifications ; la
ville basse, plus voisine de la mer, est affreuse : les rues en sont
étroites , inégales ; elles sont bordées de maisons obscures ,
sales , délabrées , quoique debout encore. Mostaganem est
sous tous les rapports un séjour fort triste. Les environs
étaient autrefois meublés, à deux lieues à la ronde, de jolies
maisons de plaisance, situées au milieu de beaux jardins et
de bosquets charmants; mais tout a été détruit par la
guerre : elle a chassé les habitants de la ville et des campagnes, renversé les maisons, rendu stériles et arides les
champs, les jardins, et l'on voit à chaque pas les traces du
génie de la destruction , qui d'un lieu délicieux et plein de
vie a fait un désert couvert de ruines. La petite ville de
Masagran , à une lieue et demie de Mostaganem, n'est plus
qu'une affreuse solitude ; elle réunissait autrefois trois ou
quatre mille habitants.

Oh ! qui réparera les maux soufferts par ce pays, et
pourra relever ses maisons abattues , ses mosquées tombées,
remettre en culture ses champs, lui rendre le commerce et
la vie, et lui donner, pour ainsi dire, une seconde existence?
Mes vœux seront-ils vains ? seront-ils entendus ? Les vastes
projets de colonisation du maréchal recevront-ils leur exécution? et l'installation de notre fidèle allié Ibrahim , à
Mostaganem , portera-t-elle ses fruits? C'est ce que l'avenir
décidera.

Après deux jours de repos à Mostaganem , nous reprenons

notre marche, pour rentrer à Oran. Nous voici arrivés à l'embouchure de la Macta. Cette rivière est peu profonde, offre un gué très facile à traverser ; l'armée reçoit l'ordre de la passer. A l'instant, chaque soldat se désabille, retire ses souliers, son pantalon, et vêtu à l'écossaise, reprenant son rang, suivant les sons réguliers du tambour, il marche gravement vers le fleuve qui va baigner et raffraîchir ses membres. Toutes les troupes défilent ainsi et passent successivement le gué. Une armée dans cette position offre un spectacle très curieux et très singulier à voir, je vous l'assure, et vous ne pourrez guère vous figurer des milliers d'hommes dont l'image se reflète ainsi dans l'eau, si vous n'avez vu quelquefois employer un procédé semblable pour traverser une rivière.

La précaution était d'ailleurs une chose bonne sous tous rapports et conforme aux lois d'une saine hygiène, car il était déjà tard, et l'on devait passer la nuit sur l'autre rive de la Macta. Nous parcourons successivement les contours de la grande rade d'Arzew, nous parvenons à la hauteur de la montagne des Lions, et près du puits du Dey ; enfin, après deux jours de marche, nous rentrons à Oran, dont nous étions absents depuis vingt-et-un jours.

J'ai glissé rapidement, dans mon récit, sur les opérations purement stratégiques de l'expédition de Mascara ; je n'ai point décrit les combats, les escarmouches que nous avons livrées aux Arabes ; je n'ai porté aucun jugement sur la marche des troupes, sur les mesures prises pour assurer leur sécurité ou leur bien-être. Je n'ai pas voulu répéter ce qui se trouve dans les rapports déjà publiés, et me faire juge des généraux chargés de quelque partie de l'expédition.

Ce n'est pas que, comme tout autre officier, je n'eusse pu
le faire; mais, jeune encore dans la carrière militaire, il
eût été, je le crois, peu convenable de m'ériger en censeur
ou de me faire l'apologiste de mes chefs. J'ai donc raconté
ce qui m'est personnel plutôt que ce qui a rapport aux
autres; je me suis fait le centre d'une action; j'ai voulu
faire connaître mes impressions et les souvenirs de mes
premières expéditions en Afrique. Je vais suivre pour l'expédition de Tlemcen le système que j'ai adopté.

La description d'un pays presqu'inconnu est toujours at-
trayante; elle excite cette espèce de curiosité qui s'attache
à ce qui ne nous est point habituel; les usages, les mœurs,
la religion, diffèrent des nôtres; on veut les connaître, et
l'on suit avec une attention toute particulière les voyageurs
qui parcourent des régions nouvelles; on assiste à leurs
repas, on partage avec eux le foyer de l'hospitalité, on trem-
ble, on espère comme eux; leurs peines ou leurs plaisirs sont
les nôtres. Une partie de cet intérêt s'attachait à notre marche
à travers les régions inhospitalières, ennemies de l'Afrique,
que nous venions de traverser, et à celles où nous allions
tenter de pénétrer.

Le 8 janvier nous sortons, d'assez bonne heure, de l'enceinte d'Oran : la marche de l'armée se dirige vers Tlemcen.
Nous laissons à notre droite les débris de la magnifique
maison de campagne de Mers-ers-Guin, où le bey d'Oran venait autrefois chercher le bonheur, et goûter les délices ré-
servées aux fidèles adorateurs de Mahomet. Aujourd'hui, ce
lieu enchanteur, où la nature et l'art avaient déployé leurs
richesses, est totalement abandonné; les bâtiments s'écrou-
lent de tous côtés, quelques pierres s'en détachent à cha-

que instant, et il n'y reste plus que de très belles eaux coulant encore et remplissant de vastes bassins. Les bois et les bosquets sont livrés à la hache du bucheron, et l'habitant d'Oran tire de cet endroit une partie du bois utile à ses besoins. A gauche nous avions un lac immense que nous devions côtoyer dans la journée du lendemain; le soir nous bivouaquons à la Bridia.

Cette fois je ne suis plus à l'avant-garde, mais bien à la réserve avec les voitures et les convois, ce qui me donnait le désagrément d'arriver toujours le dernier, à la nuit close, au lieu du campement. L'expérience de l'expédition de Mascara n'avait pas été perdue pour nous : des voitures suivaient, qui portaient des couvertures pour abriter les soldats pendant la nuit, et nous nous étions munis d'une fort petite tente, sous laquelle nous dormions aussi bien que dans le meilleur lit. La route jusqu'à Tlemcen n'a donc été qu'une veritable promenade, sans privations et presque sans fatigues. Les Arabes ne se sont pas montrés, et nous n'avons pas entendu un seul coup de fusil.

La seconde journée commence sous de fâcheux auspices : la pluie tombe à flots et nous mouille complètement; mais bientôt le soleil perce les nuages, le ciel se nétoie, se purifie, et l'air ambiant sèche nos habits avant notre arrivée à la halte du soir. Nous sommes campés sur les bords d'une petite rivière profondément encaissée dans un ravin, et dont les eaux sont douces et excellentes à boire; cependant les espagnols l'ont nommée Rio-salato. Nous employons une grande partie de la nuit à faire une rampe, pour le passage des voitures sur les rives de cette rivière, qu'il fallait traverser pour pénétrer dans les montagnes.

L'air était calme, frais et pur, la lune inondait de sa lumière toute la campagne ; nos soldats travaillaient avec ardeur, avec plaisir ; nous partagions tous le bien-être d'une aussi belle nuit. Et l'armée reposait à côté de nous. Le silence de cette scène tranquille et imposante n'était interrompu que par les bruits des pioches de nos hommes, par le cri prolongé des sentinelles, ou par les pas d'une patrouille veillant à la sécurité du camp.

Le jour naît ; nous nous remettons en marche. Après avoir franchi le Rio-salato, nous traversons, pendant la moitié du jour, des bois, qui cessèrent tout-à-coup. Craignant de n'en plus trouver pour faire cuire nos aliments, chacun de nous se charge de quelques morceaux ; mais notre précaution était inutile, car nous nous arrêtons le soir sur les bords d'un joli ruisseau très-bien planté, et où rien ne nous manquait. Le pays que nous traversons le jour suivant présente des difficultés à notre marche ; nous sommes obligés de passer par un défilé fort étroit ; le lendemain la nature des obstacles n'est plus la même, mais il faut que nous fassions, pour avancer un peu, des détours immenses, afin d'éviter des ravins nombreux et presqu'infranchissables. Nous reprenons les montagnes, du haut desquelles nous apercevons la mer à notre droite et à cinq ou six lieues de distance. Toute cette contrée est très belle, bien arrosée, fertile, parfaitement cultivée ; il ne manque que des bras pour faire produire à la terre tout ce qu'elle semble promettre ; cependant, il y avait autrefois dans ces campagnes de nombreux habitants ; les ruines que nous trouvons en cet endroit en déposent, comme dans tous les lieux que j'ai déjà visités. Nous sommes arrêtés sur les débris d'une ancienne ville, qui couvrent une grande étendue de terrain; elle devait être située en amphithéâtre autour d'un vallon : je n'ai pu la visiter qu'à la hâte. J'ai remarqué au milieu de ses ruines une grande fontaine donnant naissance à un ruisseau abondant, mais je n'ai vu là aucunes traces de fondations ou de rues, rien que des agglomérations, de pierres bien taillées, et comme semées au hasard. Près de la fontaine, se trouve une pierre portant une inscription en assez mauvais latin, et le millésime 1130. On dit qu'il existe des ruines beaucoup plus considérables autour d'un étang à une lieue de là; je n'ai pu les visiter, quoique nous fussions en vue de cet étang.

Le 12 janvier, du sommet le plus élevé des montagnes, nous commençons à apercevoir Tlemcen; nous descendons dans la vallée où l'Isser serpente, avant de prendre le nom de la Tafna et de se jeter dans la mer. Plus la distance qui nous sépare de cette ville est moindre, plus le pays devient riche et varié. Au-delà du Soltef, s'ouvre une vallée délicieuse, arrosée de mille ruisseaux; les champs sont parfaitement cultivés, et de nombreux villages animent ce riche paysage, entrecoupé de bois d'oliviers magnifiques; on se croirait dans le pays le plus civilisé de l'Europe, et l'illusion serait complète, si l'on ne voyait çà et là percer, à travers la verdure, les minarets élancés et pittoresques des mosquées.

Mustapha, avec ses Coulouglis, était sorti de la ville-haute où il domine, pour venir à notre rencontre; nous le joignons à peu de distance de Tlemcen, et il y rentre avec nous. A l'exception des turcs, tous les habitants l'avaient abandonnée, emportant avec eux leurs objets les plus précieux. Nous nous emparons des maisons restées désertes, et chacun de nous trouve le moyen de s'y établir. Celle que le hasard m'avait donnée en partage avec quelques-uns de mes camarades était (comme les autres au reste) d'une saleté qui passe toute imagination.; notre premier soin fut de l'assainir en la nétoyant, et de nous installer ensuite dans une chambre où nous couchions trois. Nous plaçons nos lits dans le fond de l'appartement, sur une espèce d'estrade en pierre qui se retrouve dans toutes les maisons. Ces lits n'ont pas la souplesse, le moelleux et le luxe efféminé de ceux de l'Europe, mais ils ont bien leur prix, car il se composent de bonne paille bien fraîche et de quelques couvertures. Une porte placée sur quelques débris de planches nous fait une table; nous construisons de la même manière des bancs; rien ne nous manque, si ce n'est toutefois une fenêtre, car notre chambre n'a qu'une porte donnant sur la galerie de la maison. Ici tout est en abondance: la ville nous offre des ressources immenses de tout genre, et nous avons rétabli des moulins à blé sur les courants d'eau des environs.

Nous avons donc formé un établissement où le luxe ne brille pas, mais qui donne encore quelques-unes de ces petites commodités dont un militaire en campagne jouit très rarement. Quand on a une nourriture saine et assurée, un bon gîte et des occupations variées et nombreuses, on peut défier l'ennui et l'on se porte bien.

A notre arrivée à Tlemcen, Abdel-Kader s'était retiré dans les montagnes; il avait établi son camp sur le sommet et sur le versant qui regarde la ville; il semblait de là nous porter un défi et insulter à notre marche. Après quelques jours de repos, nos troupes l'ont fait repentir de sa jactance et de son audace : cette affaire, à laquelle je n'ai pris aucune part, a porté le coup le plus fatal à sa puissance et détruit l'influence de son nom et de sa domination dans cette partie de l'Afrique. Vivement poursuivi, Abdel-Kader n'a dû son salut qu'à la promptitude de sa fuite ; mais, si nos troupes n'ont pu parvenir à l'atteindre, elles ont rencontré les habitants de Tlemcen qui avaient abandonné leurs foyers ; elles se sont emparées d'immenses troupeaux et ont ramené avec elles ces habitants fugitifs. Je les ai vus, poussés par nos soldats, rentrer à flots pressés dans la ville ; ils venaient, malgré eux, retrouver leurs maisons, nouvellement peuplées par nous, et reprendre leur manière habituelle de vivre, interrompue depuis quelques jours ; un seul sentiment dominait, je crois, leurs ames, c'était celui de la peur. Le spectacle qu'ils m'offrirent ne me rappelait pas celui dont j'avais été témoin au camp des deux marabouts de Sidi-Ibrahim, après la ruine de Mascara. Toute cette foule se composait des maures les plus riches de la ville ; ils avaient emmené et ramenaient avec eux des chevaux, des mulets, chargés de toutes leurs richesses ; les uns portaient de l'argent, des meubles précieux, des étoffes de prix, d'autres portaient des femmes, des enfants, toute la famille. Il y avait bien eu pendant leur courte absence de nombreux malheurs, des victimes de l'intempérie des saisons et de la misère ; mais nous n'avons su ces détails que plus tard. A l'entrée de la ville, on désarma les fugitifs, et on retrouva entre leurs mains une certaine quantité de fusils, enlevés à nos soldats après la malheureuse affaire de la Macta.

Au reste, la confiance s'établit bientôt entre les habitants et nous ; et ils ne durent pas se repentir d'être revenus au milieu de l'armée française.

Tlemcen est adossée à de hautes montagnes, qui la dé-

fendent des vents du sud ; elle est placée à mi-côte ; sa partie
supérieure est occupée par une citadelle assez forte du côté
de la ville et tout-à-fait imprenable pour les Arabes, à leur
degré de civilisation actuelle. Au centre de cette citadelle,
nous avons trouvé une batterie de cinq ou six canons en
mauvais état et un approvisionnement assez considérable de
boulets de tout calibre. Elle était occupée par les turcs, qui,
depuis cinq ans, s'y défendaient contre une partie des habitants, maures et arabes. Outre la citadelle ils possédaient
encore un quartier de la ville, séparé des quartiers ennemis par une rue neutre, mais dont les maisons des deux
côtés et toutes les issues étaient fermées et barricadées ;
on suivait facilement ces grossières fortifications, et l'on
distinguait ce qui appartenait aux turcs de ce qui était aux
arabes.

Les deux partis, toujours en guerre, étaient assez forts
pour se faire réciproquement du mal ; mais l'un ne pouvait
pas dompter l'autre et le réduire à l'impuissance de nuire.
Au milieu de tout cela ils étaient obligés de se livrer aux occupations journalières pour trouver les moyens de vivre, de
cultiver la terre, de l'ensemencer, de récolter la moisson
et de la mettre en sûreté ; et ils n'y parvenaient pas sans
échanger de nombreux coups de fusil, sans répandre du sang ;
en un mot, ils conduisaient la charrue avec le fusil sur le
dos, et leurs champs de bled étaient des véritables champs de
bataille. Par notre arrivée, les maures et arabes, en guerre
contre les turcs, se trouvaient évidemment les plus faibles.
Il est donc probable que la crainte d'être opprimés par leurs
ennemis fut une raison déterminante de la fuite de beaucoup
d'entre eux. Mais, de retour parmi nous, ils trouvèrent la

paix au lieu de la guerre; la sécurité s'établit, les denrées
furent payées à ceux qui les apportèrent, les partis furent
obligés d'abjurer leurs haines. Voilà les premiers bienfaits
de notre domination; puisse-t-elle donner l'essor à la civilisation dans ce beau pays; c'est une grande et belle tâche, pour
celui qui en est chargé, que d'imprimer une impulsion nouvelle aux esprits, de les former au commerce, à l'agriculture, à l'industrie, et de leur faire comprendre la supério-
rité et la perfection des arts cultivés en Europe.

Si toutes les maisons de Tlemcen étaient habitées, cette
ville renfermerait, au moins, quarante mille ames; elle a
dû, je le pense, en contenir autrefois un plus grand nombre; elle est renfermée dans des enceintes beaucoup plus
étendues que l'espace qu'elle occupe aujourd'hui, et dont
on retrouve des vestiges, jusqu'à près d'une lieue des murailles. Peut-être ces enceintes, flanquées de tours nombreuses,
n'avaient-elles pas d'autre but que de protéger, contre l'at-
taque soudaine d'un ennemi extérieur, les champs qu'elles
renfermaient. On fabrique à Tlemcen une grande quantité
d'étoffes de laine; à notre arrivée nous avons trouvé un nombre considérable de métiers abandonnés; la laine employée
est d'une blancheur éclatante et d'une beauté rare. Outre
la fabrication des étoffes de laine, les habitants de Tlemcen
font de l'huile en abondance; la ville est entourée de bois
d'oliviers magnifiques; ici l'olivier a un degré de croissance
auquel il n'atteint pas en Provence. Ce n'est point un arbre
chétif, rabougri, sortant à peine de terre; mais son tronc
vigoureux supporte de vastes branches couvertes d'un épais
feuillage, dont les nuances diverses produisent un très bel
effet. Les moulins à huile sont placés au sein des bois eux-

mêmes, pour faciliter l'exploitation de l'olive et la fabrication de l'huile.

Le commerce de Tlemcen peut devenir considérable ; dix lieues seulement la séparent de la mer , et , lorsqu'on aura pu assurer la route jusqu'au rivage, elle aura un débouché facile pour l'écoulement des produits naturels du sol et pour ceux de son industrie.

Le séjour de l'armée se prolongeant dans ce pays, j'ai mis à profit les rares instants de repos que me laissait le service régulier organisé pour la confection de travaux importants, en parcourant les environs de la ville. A une demi-lieue, on trouve une enceinte très grande , nommée le Mensourah ou *camp-maroquin*. Sa forme est à peu près rectangulaire ; l'un des côtés a au moins 1200 mètres ; l'autre, environ 800. On attribue sa construction aux Maroquins , qui seraient venus, il y a plusieurs siècles, placer le siège devant Tlemcen , et se seraient fortifiés dans cette position pour bloquer la ville, dont ils n'auraient pu se rendre maîtres par la force des armes. Les travaux qu'ils ont ainsi exécutés, comme pour le siège d'une autre Troie , sont immenses : les murs sont en pisé et ont trois mètres à peu près d'épaisseur, y compris un petit chemin de ronde qui règne à l'intérieur ; ils sont flanqués de tours assez rapprochées ; dans l'un des angles on remarque une petite citadelle ; au centre du rectangle , on trouve les ruines d'une grande mosquée défendue par une enceinte particulière ; le minaret subsiste encore dans toute sa hauteur , mais la moitié seulement est debout. Il a été comme fendu , du haut en bas , en deux parties à peu près égales. C'est le plus élevé, le plus beau et le plus riche de tous ceux que j'ai vus en Afrique jusqu'à ce jour. On voit autour de

Tlemcen de grands bassins, propres à contenir des eaux, et construits en pierre de taille. Au nord de la ville, et presque au pied de la montagne, j'ai visité un village totalement désert, et probablement abandonné depuis long-temps; il possède une charmante mosquée. Plus loin, vers l'ouest, on rencontre d'autres ruines, au milieu desquelles s'élève tristement un minaret solitaire. Le temple dont il dépendait est détruit; il n'en reste plus qu'une petite coupole ornée d'arabesques d'une exquise délicatesse. Cet endroit, que l'on nomme Agadir, renferme d'autres ruines encore; celles-ci attestent aussi une puissance déchue; elles sont empreintes de ce vernis des siècles qui les rend précieuses: ce sont les dernières traces de la domination romaine; mais ce sont des souvenirs de mort qu'elles rappellent, des tombes et des inscriptions funéraires qu'elles présentent à l'œil du voyageur et aux méditations du philosophe. L'Afrique a passé, comme notre vieille Europe, par les phases de la barbarie et de la civilisation : soumise aux Romains, devenue province de leur vaste empire, elle a partagé, subi aussi toutes leurs épreuves, supporté leurs malheurs; puis elle a reçu d'autres lois, changé de religion : elle s'est faite mahométane; la civilisation a relevé alors la tête; elle s'est assise dans les mosquées, au sommet des minarets et des tours, dans les palais des deys, ou sous les fraîches arcades des maisons maures; mais, garottée par les lois de Mahomet, arrêtée dans son essor, vaincue enfin, elle a rétrogradé, s'est éloignée de ses climats, car elle ne peut rester stationnnaire long-temps : il faut qu'elle avance ou recule.

Si j'étais antiquaire, je pourrais placer ici une fort belle discussion sur les inscriptions tumulaires d'Agadir. Je rechercherais quelle peut avoir été le nom premier d'une ville dont j'ai parcouru les ruines, les temps de son existence; si elle fut considérable, commerçante, ou bien humble, obscure et pauvre. Peut-être que, à l'aide des auteurs qui se sont occupés de cette partie de l'Afrique, je parviendrais à présenter une opinion probable, si non vraie. Je me bornerai à donner textuellement trois de ces inscriptions, qui se comprennent facilement:

D. M. σ.

ILLIVσ IADIR VICXIT
AI σ L** CVI FILI FECERVNT DOMVM ETERNALE
AI PROVINCIE. ♪XCV.

D. M. σ.

M. TREBIVS ZABVLLVS VIX AN XLV M , TRE.
BIVS IANVARIVS FRATRI PIISSIMO FECIT.

D. M. σ.

VALERIA MATR'''NA VIXIT ANNIS XXXV CUI VIRI FECIT
DOMVM ETERNALE ANNI POR. ♪XC.

Ainsi, ces monuments ont été élevés par la piété des enfants, d'un frère, d'un époux à ceux qu'ils avaient chéri pendant leur vie; ainsi se trouve perpétué le souvenir de noms qui, sans cette circonstance, seraient restés plongés dans l'oubli: ils ont planté, sans le savoir, un jalon peut-être utile pour l'histoire, sur la route si obscure du passé. Des fouilles pratiquées avec intelligence au milieu de ces ruines, auraient, sans doute, amené des découvertes plus importantes, et révélé quelques faits inconnus ; mais le temps manque, et notre domination n'est point encore assez affermie pour que l'on puisse faire, avec sécurité, des travaux dont le résultat est inconnu et incertain. J'ai remarqué d'autres inscriptions dans les environs d'Agadir ; mais je ne doute pas que ces pierres n'aient été enlevées de ces ruines, pour être utilisées par les habitants du pays.

A l'est de Tlemcen, coule un ruisseau considérable, qui se précipite de la montagne ; il faisait tourner autrefois une douzaine de moulins, détruits maintenant. Nous en avons rétabli quelques-uns, à l'aide de procédés fort simples : nos blés pourront être désormais réduits facilement en farine, et notre subsistance devient de plus en plus assurée. En se dirigeant toujours du même côté, on arrive au village de Sidi-Ben-Medine, remarquable par sa mosquée et le tombeau de deux marabouts fort en vénération dans la contrée. Ce tombeau, seul monument qui ait été respecté par Abdel-Kader, offre, au premier aspect, une grande ressemblance avec les chapelles ardentes que l'on fait en France pendant la semaine sainte. Les dépouilles mortelles des deux saints personnages reposent sous de magnifiques catafalques, recouverts de riches étoffes brochées d'or et de soie ; des lustres en cristal très bien taillé, des chandeliers d'argent, ornent et éclairent le sanctuaire qui renferme les tombeaux ; les cinq ou six drapeaux des marabouts sont disposés en forme de trophée : tout autour, les murs sont tapissés d'œufs d'autruches, de coquillages de plusieurs espèces, de baguettes de pélerins, à l'extrémité desquelles sont attachés des fils supportant de petites coquilles plates, apportées là et déposées par les habitants du désert, par les pélerins accourus de tous côtés pour se rendre Mahomet favorable ou accomplir quelque vœu dont ces baguettes et ces coquilles sont le témoignage. C'est ce que nous appelons en Europe des *ex voto*. Ainsi se retrouve, presque sous les mêmes formes, l'expression des mêmes désirs, des mêmes besoins, chez des peuples dont les mœurs, le langage, les croyances, n'ont aucun rapport; mais l'esprit de l'homme procède et se développe partout de la même manière : il suit une marche uniforme dans les périodes de progrès ou de barbarie ; et, si l'on observe des différences, elles tiennent aux lieux, au temps, et n'ont rapport qu'aux détails et pas à l'ensemble.

Il n'était pas permis à toutes les pélerins de pénétrer dans le sanctuaire qui renferme les ossements des deux saints marabouts ; aussi le vestibule du temple est-il fort orné de coquillages et d'œufs d'autruche. A l'entrée on remarque un puits dont la margelle est en marbre blanc ; ses eaux servent sans doute aux ablutions si fréquentes chez les sectateurs de la religion de Mahomet. Ce monument est sans contredit le plus curieux que j'aie pu voir depuis mon arrivée en Afrique ; il est l'expression fidèle des mœurs et des croyances religieuses des habitants, qui, comme nous, s'adressent à des puissances intermédiaires, supérieures à l'homme, mais inférieures à Dieu, pour solliciter et obtenir par leur intercession ce qu'il n'osent demander directement au souverain auteur de toutes choses.

J'ai dit que Tlemcen est séparée de la mer par une distance de dix lieues environ, et que son commerce serait assuré, si l'on pouvait établir une communication régulière et facile entre le point le plus rapproché de la côte et la ville. En face de ce point est l'île de Raschgoun, occupée par nos troupes ;

il ne s'agissait donc plus que d'établir, entre les deux points principaux, des postes intermédiaires assez nombreux pour nous rendre maîtres du pays et assurer les voyageurs contre les aggressions des arabes ennemis. Le 25 janvier, nous sommes partis de Tlemcen pour chercher à établir ces utiles communications; nous avons marché toute la journée dans la direction de la mer, sans rencontrer d'autres obstacles, que deux immenses ravins, à travers lesquels nous avons tracé une belle route et jeté deux ponts. Après avoir fait sept lieues et demie, nous nous sommes arrêtés au confluent de l'Ysser et de la Tafna; notre nuit fut employée à construire une rampe dans un terrrain dur et pierreux sur les deux rives de la première de ces rivières. Ce travail avait été pénible, et nous fatigua. Lorsque le jour parut, la pluie commença à tomber, puis les hauteurs se couronnèrent à l'entour de nombreux partis d'arabes. Au lieu de marcher, il fallut se battre, au lieu de reconnaître le pays dans des vues toutes pacifiques, nous avons été obligés de chasser les arabes à coups de fusil; nos auxiliaires, les Coulouglis, ont fait un bon nombre de prisonniers, et ils ont construit en manière de trophée de leur victoire, suivant l'usage du pays, une pyramide composée de trente-deux têtes d'arabes ennemis, morts ou blessés dans le combat.

Cette détestable et barbare coutume d'insulter aux morts et de tuer les blessés n'excite pas ici la moindre réflexion : les partis contraires savent que c'est la loi de la guerre, que le vaincu y est exposé, et que le courage ou la fuite peuvent seuls l'en garantir : la civilisation, peut-être, modifiera les idées de ces peuples et les amènera à des sentiments d'huma- nité dont ils ne comprennent encore ni la nécessité, ni la moralité. Au reste, on se fait à ce spectacle hideux de têtes réunies en monceau ; les émotions les plus vives s'usent quand elles sont souvent répétées ; nos fibres s'accoutument à certaines impressions ; notre esprit est moins vivement agité à la vue d'objects qui font frémir une première fois ; un certain sentiment de curiosité finit par se mêler à celui de la terreur, et quelquefois l'indifférence fait place à l'une et à l'autre. Nos soldats n'en sont pas encore là, mais il est facile de voir que le genre de guerre que nous faisons les endurcit et les rend cruels. Après nous être battus pendant deux jours, et avoir chassé les arabes dans toutes les directions, nous reprîmes la route de Tlemcen, sans avoir été jusqu'au rivage ; le temps, la difficulté des chemins, le grand nombre de voitures que nous traînions à notre suite, d'autres raisons peut-être que je ne connais pas, décidèrent le Maréchal à donner l'ordre de rétro rader : nous sommes donc rentrés, après une courte absence et sans autres accidents, à Tlemcen, que nous devions bientôt quitter.

Nous avons, avant notre départ, éprouvé les vicissitudes des saisons : l'hiver s'est fait sentir dans toutes ses rigueurs ; la terre et le versant des montagnes étaient couverts de neiges, et, sur l'immense horison blanchâtre qui nous environnait, les seuls oliviers au feuillage vert et foncé levaient leur tête vigoureuse. Dans cet état, ce paysage d'Afrique présentait un aspect pittoresque, et d'autant plus extraordinaire, qu'on se figure toujours ce pays brûlé par les rayons d'un soleil ardent ; mais, il faut le dire, nous étions dans la partie du nord, dans une contrée élevée, et l'on ne doit pas s'étonner si, pendant plusieurs jours, nous avons éprouvé un froid très vif, si les ruisseaux se sont gelés, et s'il a tombé une grande quantité de neige et de grêle; nous étions alors au mois de février. Dans ces circonstances, l'armée reçut l'ordre de se tenir prête à marcher. Au moment de partir, le temps changea brusquement et devint magnifique, et pendant toute notre route nous avons eu le ciel le plus beau et le soleil le plus radieux. Nous avons parcouru une autre région pour retourner à Oran. Nous avons traversé le pays des *Beni-Hammer*, nos mortels ennemis: ils ont voulu nous inquiéter, mais ils ont été facilement repoussés; quelques coups de fusil ont suffi pour les faire disparaître: du reste, aucun fait remarquable n'a signalé notre retour. A la sortie des montagnes, et au moment où nous commençions à avancer dans la plaine, nous avons trouvé une source d'eau minérale chaude; elle est légèrement salée, et sa température est de 40º. Cette eau dépose continuellement des couches de carbonate calcaire, ce qui a donné naissance à deux espèces de champignons, ou grottes, superposés et formés de stalactites groupés d'une manière très originale et très curieuse; nous avons en Auvergne plusieurs sources qui ont la même propriété pétrifiante que celle-ci. A quelque pas de la fontaine d'eau chaude, on en trouve une autre d'eau salée, mais très froide; un marabout situé dans les environs servait probablement autrefois de salle de bains, car on y voit encore une espèce de baignoir en pierre, dans laquelle devaient arriver les eaux thermales, par des conduits qui sont en partie détruits.

Ces sources sont actuellement tout-à-fait inutiles; mais, si jamais cette portion de l'Afrique devient notre possession, immuable, tranquille, peut-être qu'elles seront à la mode, et qu'un jour une société choisie, élégante, fashionable, y transplantera, pour quelque temps, la politesse et le bon goût français, et fera régner l'Europe en Afrique.

Nous voilà de retour à Oran, harassés du dernier jour de marche, qui a été mortellement long. Que va-t-on faire de nous ? Nous renverra-t-on à Alger ? reverrons-nous bientôt la ville en amphithéâtre, la ville aux blanches maisons ? Tenterons-nous d'autres hasards ? ferons-nous d'autres expéditions ? Les arabes comprimés resteront-ils soumis ? ne seront-ils plus voleurs, pillards ? et Abdel-Kader, après notre départ, ne levera-t-il pas de nouveau contre nous l'étendard de la guerre ? Le sort de la colonie sera-t-il assuré ? Je n'en sais rien ; je ne puis résoudre des questions cachées sous le voile de l'avenir ; mais, quelque chose qu'il advienne, je m'estimerai toujours heureux d'avoir pu étudier les mœurs, voir les monuments, explorer les ruines des peuples qui habitent ces pays, inconnus à la plupart des Français.

www.ingramcontent.com/pod-product-compliance
Lightning Source LLC
Chambersburg PA
CBHW061336060726
47596CB00003B/1276